자비의 어머니

Madre di misericordia
Un mese con Maria

Sr. Marie-Paul Farran

© 2010 Edizioni San Paolo s.r.l.
Piazza Soncino 5 – 20092 Cinisello Balsamo (Milano) - Italia
www.edizionisanpaolo.it
Korean translation copyright © 2015 by ST PAULS, Seoul, Korea

자비의 어머니 – 성모님과 함께 한 달을

1판 1쇄 2015. 12. 8
1판 2쇄 2016. 8. 10

글쓴이 마리 폴 파란
그린이 마리 폴 파란
옮긴이 김영주
펴낸이 서영주
총편집 한기철
편집 손옥희, 김정희 디자인 송진희
제작 김안순 마케팅 최기영 인쇄 영신사

펴낸곳 성바오로
출판등록 7-93호 1992. 10. 6
주소 서울특별시 강북구 오현로7길 20(미아동)
취급처 성바오로보급소
전화 944-8300, 986-1361
팩스 986-1365
통신판매 945-2972
E-mail bookclub@paolo.net
www.paolo.net
www.facebook.com/stpaulskr

값 5,000원
ISBN 978-89-8015-871-3
교회인가 서울대교구 2015. 12. 2 SSP 1022

이 도서의 국립중앙도서관 출판예정도서목록(CIP)은 서지정보유통지원시스템 홈페이지(http://seoji.nl.go.kr)와 국가자료공동목록시스템(http://www.nl.go.kr/kolisnet)에서 이용하실 수 있습니다. (CIP제어번호 : CIP2015032910)

이 책은 저작권법의 보호를 받으므로 무단전재와 무단복제를 금합니다.
이 책 내용의 전부 또는 일부를 재사용하려면 반드시 저작권자와 성바오로출판사의 동의를 얻어야 합니다.

자비의 어머니

성모님과 함께
한 달을

마리 폴 파란 글·그림
김영주 옮김

성바오로

차례

01	마리아, 새로운 하와	8
02	마리아, 불타는 떨기나무	10
03	마리아, 강인한 여인	12
04	마리아, 은총으로 채우시는 분	14
05	마리아, 성실하신 분	16
06	마리아, 주님의 겸손한 종	18
07	마리아, 새로운 계약의 궤	20
08	마리아, 시온의 딸 동정녀	22
09	마리아, 악을 이기신 분	24
10	마리아, 우리의 변호자	26
11	마리아, 은총의 빛살	28
12	마리아, 지혜의 좌	30
13	마리아, 흠 없는 정원	32
14	마리아, 동정녀 중의 동정녀	34
15	마리아, 정결한 땅	36
16	마리아, 은총이 가득하신 분	38
17	마리아, 여인들 중에 복되신 분	40

18	마리아, 우리의 기쁨	42
19	마리아, 요셉의 아내	44
20	마리아, 사람이 되신 말씀의 태胎	46
21	마리아, 고통받는 이들의 위로자	48
22	마리아, 천상의 별	50
23	마리아, 순교자들의 여왕	52
24	마리아, 순종의 여인	54
25	마리아, 나자렛의 마리아	56
26	마리아, 새 포도주의 여인	58
27	마리아, 믿으셨으니 복되신 분	60
28	마리아, 십자가의 여인	62
29	마리아, 사도들의 여왕	64
30	마리아, 하늘에 오르신 분	66
31	마리아, 세상의 여왕	68

옮긴이의 말　　　　　　　　　　　70

자비의 어머니

성모님과 함께
한 달을

01 | 마리아, 새로운 하와

말씀(창세 3,14-15)

주 하느님께서 뱀에게 말씀하셨다. "네가 이런 일을 저질렀으니 너는 모든 집짐승과 들짐승 가운데에서 저주를… 받으리라. 나는 너와 그 여자 사이에, 네 후손과 그 여자의 후손 사이에 적개심을 일으키리니 여자의 후손은 너의 머리에 상처를 입히고 너는 그의 발꿈치에 상처를 입히리라."

묵상

하와의 불순종으로 묶인 매듭이 마리아의 순종으로 말미암아 풀렸다. 처녀 하와가 불신앙으로 묶은 것을 처녀 마리아가 믿음으로 풀었다.

리옹의 이레네오, 2세기

기도

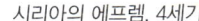

복되신 마리아여,
왕 중 왕의 어머니가 되신 분!
하늘 가득 찬미 받으시는 분이 당신 태중에 거처하셨나이다.
당신으로 말미암아 하와의 저주가 지워졌으니 당신은 복되시나이다!
뱀으로부터 얻은 인류의 죄가 당신으로 씻겼나이다.
당신께서 세상을 온갖 선으로 채우는 귀한 보물을 낳으셨나이다.
당신으로부터 어둠의 왕국을 무너뜨린 빛이 솟았나이다.

시리아의 에프렘, 4세기

02 마리아, 불타는 떨기나무

말씀(탈출 3,4-6)

모세가 보러 오는 것을 주님께서 보시고, 떨기 한가운데에서 "모세야, 모세야!" 하고 그를 부르셨다. 그가 "예, 여기 있습니다." 하고 대답하자, 주님께서 말씀하셨다. "이리 가까이 오지 마라. 네가 서 있는 곳은 거룩한 땅이니, 네 발에서 신을 벗어라." 그분께서 다시 말씀하셨다. "나는 네 아버지의 하느님, 곧 아브라함의 하느님, 이사악의 하느님, 야곱의 하느님이다." 그러자 모세는 하느님을 뵙기가 두려워 얼굴을 가렸다.

묵상

불꽃과 떨기 안에 미리 보여 주었던 것이 동정녀의 신비 안에 환히 드러났다. 산에서 떨기가 불타고 있었으나 타서 없어지지 않은 것처럼 동정녀가 빛을 낳았으나 그 몸은 손상되지 않았다. 떨기의 비유가 잘 보여 주듯, 떨기는 하느님을 낳은 동정녀의 몸을 예시한다.

니사의 그레고리오, 4세기

기도

마리아여,
당신은 모세가 본
불꽃 속에서도 타 없어지지 않은 그 떨기십니다.
하느님의 아드님께서 당신 태중에 오시어 머무르셨으며,
그분 신성의 불꽃은 당신 몸을 태워 없애지 않았나이다.
거룩한 분이여, 저희를 위하여 빌으소서.

이집트 교회의 찬미가

03 마리아, 강인한 여인

말씀(판관 5,7-8.12)

"끊겼네, 이스라엘에 선도자들이 끊겼네, 드보라, 그대가 일어설 때까지 그대가 이스라엘의 어머니로 일어설 때까지. 사람들이 새로운 신들을 선택하였다가…. 깨어나라, 깨어나라, 드보라야. 깨어나라, 깨어나라, 노래를 불러라. 일어나라, 바락아. 그대의 포로들을 끌고 가라, 아비노암의 아들아."

묵상

드보라와 나자렛 마리아 사이에 다리를 놓기 위해서는 구약의 여러 다른 여인들(룻, 한나, 에스텔, 유딧)도 거듭 기억해야 하는 신학적 동기를 따라야 한다. 이것을 바오로의 표현으로 명확히 할 수 있다. "하느님께서는 지혜로운 자들을 부끄럽게 하시려고 이 세상의 어리석은 것을 선택하셨습니다. 그리고 하느님께서는 강한 것을 부끄럽게 하시려고 이 세상의 약한 것을 선택하셨습니다. 하느님께서는 있는 것을 무력하게 만드시려고, 이 세상의 비천한 것과 천대받는 것 곧 없는 것을 선택하셨습니다."(1코린 1,27-28)

잔프랑코 라바시

기도

성모 마리아여, 가엾은 이들을 구하시고,
낙담한 이들을 도우시며, 약한 이들에게 힘을 주소서.
당신을 기억하는 모든 이가
당신 자애의 손길을 맛보게 하소서.
당신께 기도하는 이들의 소리에 귀 기울이시어
그들의 갈망을 채워 주소서.
세상 구원을 모신 복된 분이시여,
하느님 백성을 위하여 끊임없이 전구해 주소서.
영원히 살아 계시며 다스리시는 그분께!

샤르트르의 풀베르토, 12세기

04 | 마리아, 은총으로 채우시는 분

말씀(판관 6,14.17.36-38)

주님께서 기드온에게 돌아서서 말씀하셨다. "너의 그 힘을 지니고 가서 이스라엘을 미디안족의 손아귀에서 구원하여라. 바로 내가 너를 보낸다." 그러자 기드온이 또 말하였다. "참으로 저에게 호의를 베풀어 주신다면, 저와 이 말씀을 하시는 분이 당신이시라는 표징을 보여 주십시오." 기드온이 하느님께 아뢰었다. "이미 이르신 대로 저를 통하여 이스라엘을 구원하시렵니까? 그렇다면 제가 타작마당에 양털 뭉치 하나를 놓아두겠습니다. 이슬이 그 뭉치에만 내리고 다른 땅은 모두 말라 있으면, 이미 이르신 대로 저를 통하여 이스라엘을 구원하시는 줄로 알겠습니다." …기드온이 다음 날 아침 일찍 일어나 양털 뭉치를 짜자, 그 뭉치에서 물이 한 대접 가득히 나왔다.

묵상

어떤 찬양의 말로 마리아의 티 없는 순결함을 묘사할 수 있을까? 마리아는 세상 타작마당에 놓인 때 묻지 않은 양털, 마리아로부터 구세주께서 비처럼 하늘에서 내려와 끝없이 피어나는 악을 거슬러 땅을 말리신다. 그리고 다시 고통의 물기에 젖어 있는 양털을 말리시며, 온갖 선으로 땅을 가득히 채우신다.

콘스탄티노플의 프세우도-프로클로, 7세기

기도

아버지의 말씀이신 그리스도여,
당신은 동정녀의 몸 밭에 비처럼 내려오셨나이다.
아무도 씨 뿌리지 않은 그곳에 잘 익은 알곡으로 오시어
세상을 위한 음식이 되셨나이다.
하느님의 어머니 동정녀시여,
하늘 이슬 머금은 양털이시며,
피조물의 배고픔을 채워 주는 복된 밀밭이시여,
당신을 찬양하나이다.

시리아-마로네 교회의 찬미가

05 | 마리아, 성실하신 분

말씀(룻 4,13.17)

보아즈가 룻을 맞이하여 룻은 그의 아내가 되었다. 그가 룻과 한자리에 드니, 주님께서 점지해 주시어 룻이 아들을 낳았다. 이웃 아낙네들은 그 아기의 이름을 부르며, "나오미가 아들을 보았네." 하고 말하였다. 그의 이름은 오벳이라 하였는데, 그가 다윗의 아버지인 이사이의 아버지다.

묵상

이교의 그루터기에서 덕스러운 여인이 태어났으니, 그녀는 모압 여자 룻. 그녀는 제 겨레와 신들을 버렸으며 친족의 구원 의무로 이스라엘 땅에서 운명적으로 유산을 얻게 되었다. 그녀의 자손으로부터 동정녀 마리아가 잉태되었다. 저 멀리서부터 시작하시는 주님의 자비에 시편 저자는 "유다는 내 왕홀, 모압은 내 대야"(시편 60,9-10)라 외치며 환호하였다.

클레어의 오스베르토, 12세기

기도

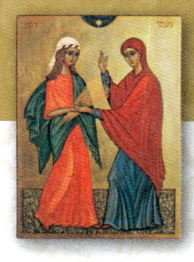

마리아여, 오늘 하늘의 모든 천사와 성인들 앞에서
당신을 나의 어머니이며 여왕으로 선택하나이다.
전적인 순종과 사랑 안에서
저의 몸과 영혼을, 내적 외적 재화를,
과거, 현재, 미래의 저의 착한 행실들과 그 가치를
당신께 봉헌하고 축성하나이다.
당신의 모든 권한에 맡겨 드리니
저와 제게 속한 모든 것을 하나도 남김없이
당신 뜻대로 처리하소서.
하느님의 더 큰 영광을 위하여 이제와 영원히, 아멘.

몽포르의 루도비코 마리아 그리뇽(1673-1716)

06 | 마리아, 주님의 겸손한 종

말씀(1사무 1,20; 2,1)

때가 되자 한나가 임신하여 아들을 낳았다. 한나는 "내가 주님께 청을 드려 얻었다." 하면서, 아이의 이름을 사무엘이라 하였다. 한나가 이렇게 기도하였다. "제 마음이 주님 안에서 기뻐 뛰고 제 이마가 주님 안에서 높이 들립니다. 제 입이 원수들을 비웃으니 제가 당신의 구원을 기뻐하기 때문입니다."

묵상

사람에게 생명을 주신 분이 동정녀의 몸에 사신다. 아기를 못 낳던 사라에게 아기를 낳게 하신 분이 다윗의 딸 태중에 거처하신다. 한나의 눈물을 돌아보신 분이 마리아의 겸손도 바라보셨다. 아담의 갈비뼈를 빼내신 분이 아담의 그 갈비뼈 안에 당신 자신을 낮추셨다.

안티오키아의 이사악, 6세기

기도

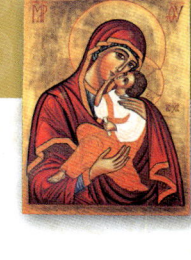

은총이 가득하신 이여,
저주는 끝났고,
더러움은 씻겼으며,
슬픔은 그쳤고,
영광은 꽃을 피웠나이다.
예언자들의 기쁜 소식이 당신 안에서 이루어졌나이다!

니사의 그레고리오, 4세기

07 | 마리아, 새로운 계약의 궤

말씀(2사무 6,2.9-11)

다윗은 유다 바알라에서 하느님의 궤를 모셔 오려고, 모든 군대를 거느리고 그곳으로 떠났다. 그 궤는 커룹들 위에 좌정하신 만군의 주님의 이름으로 불렸다. 그날 다윗은 주님을 두려워하며, "이래서야 어떻게 주님의 궤를 내가 있는 곳으로 옮겨 갈 수 있겠는가?" 하고 말하였다. 그래서 다윗은 주님의 궤를 자기가 있는 다윗 성으로 가져가려 하지 않고, 갓 사람 오벳 에돔의 집으로 옮겼다. 주님의 궤가 갓 사람 오벳 에돔의 집에서 석 달을 머무르는 동안, 주님께서는 오벳 에돔과 그의 온 집안에 복을 내리셨다.

묵상

이스라엘의 궤는 나무로 만들어졌으나 안과 밖은 도금되어 있었다. 이스라엘 백성에게 금과 나무는 신성과 인성의 결합을 상징하였다. 안과 밖이 금으로 칠해진 궤는 하느님의 거룩하신 어머니, 마리아를 상징한다. 그 외에도 마리아의 의연함, 여성으로서의 순결함과 정숙함을 의미하였다. 안쪽의 금은 마리아의 내면 깊숙이 거처하셔야 했던 성령을 가리킨다.

다라의 요한, 9세기

기도

살아 계신 분의 성전이신 당신을
모두가 찬미하나이다.
오, 하느님의 어머니!
기뻐하소서. 하느님과 그분 말씀의 장막,
성인들 중 가장 뛰어나신 분,
성령의 금궤, 소멸하지 않는 생명의 보물!
즐거워하소서. 성왕들의 존귀한 왕관,
교회의 견고한 탑이시여!

비잔틴 전례의 환호송

08 | 마리아, 시온의 딸 동정녀

말씀(스바 3,14-15.17)

딸 시온아, 환성을 올려라. 이스라엘아, 크게 소리쳐라. 딸 예루살렘아, 마음껏 기뻐하고 즐거워하여라. 주님께서 너에게 내리신 판결을 거두시고 너의 원수들을 쫓아내셨다. 이스라엘 임금 주님께서 네 한가운데에 계시니 다시는 네가 불행을 두려워하지 않으리라. …그분께서 너를 두고 기뻐하며 즐거워하신다. 당신 사랑으로 너를 새롭게 해 주시고 너 때문에 환성을 올리며 기뻐하시리라.

묵상

예언자들이 알려 준 대로, 계약 공동체 표상이었던 시온의 딸은 메시아적 구원 완성에 있어 주님의 가장 가까운 협력자이다. 그녀는 구세주를 받아 안아 하느님의 새 백성에게 생명을 가져다 줄 것이다. 이스라엘의 희망이 이미 무덤 속에 묻힌 듯한 고통과 버림받음의 시간이 지나면 모든 것이 놀라운 방법으로 다시 꽃을 피울 것이다.

알베르토 발렌티니

기도

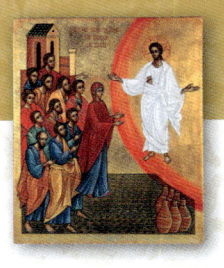

거룩하신 분의 거처시여,
하늘도 담을 수 없는 분이 당신 태중에 계시니
복되시나이다!
불타는 왕좌시여!
시온의 딸, 순결한 산이시여,
영원하신 성부의 뜻과 성령의 중재로
당신 안에 하느님의 충만함이 살고 있나이다!
은총이 가득하신 이여, 주님께서 함께 계시나이다!

아나톨리오, 7세기

09 | 마리아, 악을 이기신 분

말씀(유딧 15,9-10)

"그대는 예루살렘의 영예고 이스라엘의 큰 영광이며 우리 겨레의 큰 자랑이오. 그대는 이 모든 일을 그대의 손으로 이루었소. 그대는 이스라엘에 좋은 일을 하였소. 하느님께서도 그 일을 기쁘게 여기신다오. 그대가 전능하신 주님께 영원히 복을 받기 바라오."

묵상

그때 구세주께서 마리아를 향하여 말하였다. "나의 어머니, 당신을 위하여 그 누구에게도 하지 않은 일을 하렵니다. 당신께서 세상의 구원을 위해 나를 낳으셨기 때문입니다…. 당신께서 울음을 터뜨리시고 비둘기 눈 같은 당신 눈에서 뜨거운 눈물이 흐르는 것을 볼 때 나의 마음은 흔들릴 것입니다. 이에 내 분노의 불꽃은 차갑게 식고, 노여움의 물결은 잠잠해질 것이며, 어느새 나의 자비가 내려와 당신이 원하는 곳으로 향하게 될 것입니다."

자비의 계약, 18세기

기도

당신 보호 아래 이 몸이 숨나이다.
하느님의 어머니.
시련 중에 있는 저희의 애원을 외면하지 마시고
모든 위험에서 저희를 구하소서.
오, 영화로우시며 복되신 동정녀시여.

이집트에서 지어진 기도, 3세기

10 | 마리아, 우리의 변호자

말씀(에스 7,3-4)

에스테르 왕비가 대답하였다. "아, 임금님, 제가 임금님의 눈에 들고 또한 임금님도 좋으시다면, 제 목숨을 살려 주십시오. 이것이 저의 소청입니다. 아울러서 제 민족을 살려 주십시오. 이것이 저의 소원입니다. 사실 저와 제 민족은 파멸되고 죽임을 당하고 절멸되도록 이미 팔려 나간 몸들입니다."

묵상

나는 너에게 세상의 방벽을 세우리라. 거센 물살에 파멸된 이들의 다리를, 피신하는 이들의 방주를, 손잡아 인도되기 원하는 이들의 지팡이를, 죄인들을 위한 전구를, 그리고 모든 이를 하늘에 오르게 할 계단을 세우리라.

콘스탄티노플의 제르마노, 8세기

기도

오 여왕이시여,
저희를 가련히 여기시어 도와주소서.
서두르소서. 저희가 무거운 죄에 눌려 굴복하려 하나이다.
당신의 종들이 실망하는 일이 없게 하소서.
당신만이 우리의 희망이시기 때문이옵니다.
당신께서 전구해 주지 않으셨다면
누가 저희를 그 많은 위험에서 구했겠나이까?
누가 저희를 이 순간까지 무사히 지켜 주었겠나이까?
여왕이시여, 당신 곁을 떠나지 않겠나이다.
당신께서 언제나 저희를 모든 곤경에서
구하시기 때문이옵니다.

그리스 교회 찬미가

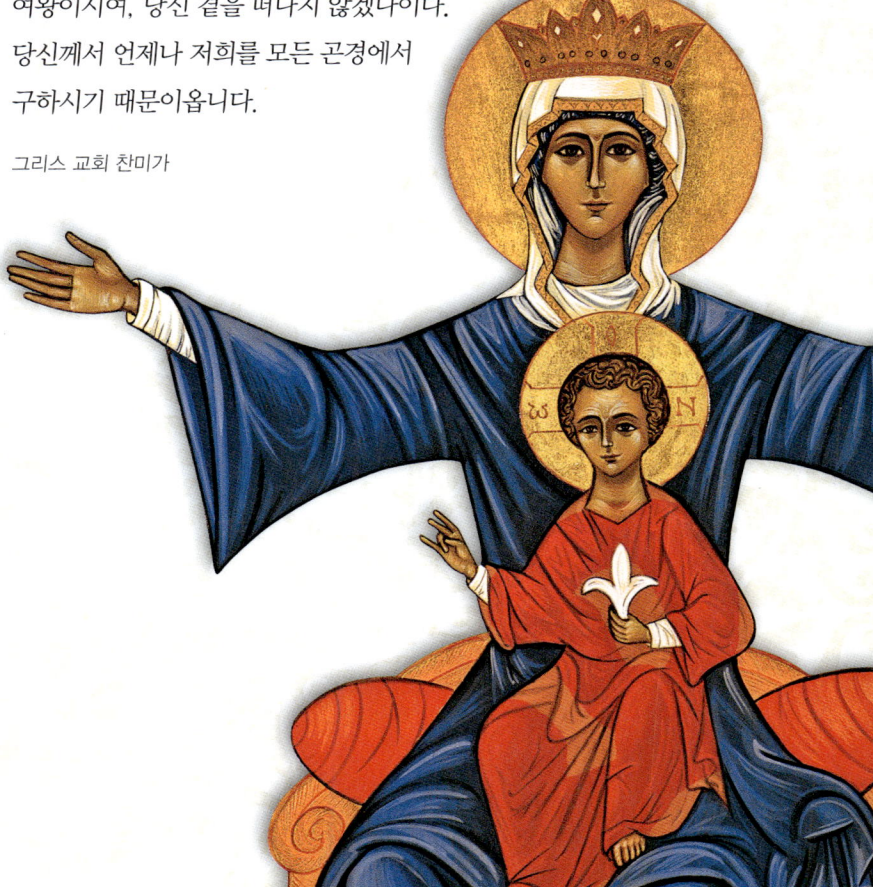

11 마리아, 은총의 빛살

말씀(시편 45,2.10-12)

아름다운 말이 제 마음에 넘쳐흘러 임금님께 제 노래를 읊어 드립니다. 제왕의 딸들이 당신의 사랑을 받는 여인들 사이에 있으며 왕비는 오피르의 황금으로 단장하고 당신 오른쪽에 서 있습니다. 들어라, 딸아, 보고 네 귀를 기울여라. 네 백성과 네 아버지 집안을 잊어버려라. 임금님이 너의 아름다움을 열망하시리니 그분께서 너의 주인이시기 때문이다. 그분 앞에 엎드려라.

묵상

들어라, 딸아, 가브리엘이 전하는 소식에 네 귀를 기울여라. 부드러운 말에 괴로움의 소리가 사라지듯 바로 이 소식으로 인해 우리가 불순명의 독(뱀의 교활함이 하와의 귓속에 떨어뜨림으로써 인류 전체가 마시게 되었던 독)을 없애고, 창조주 하느님의 계명만을 따르고 순종하게 되었다.

콘스탄티노플의 포지오, 9세기

기도

복되신 동정녀, 하느님의 어머니시여
당신의 응답에 하늘이 놀라나이다.
손짓 하나로 모든 피조물을 다스리시는 분을
당신 품에 안고 어르셨나이다.
임금님의 신부시여,
온갖 순결함으로 낳으신 임금님께 간청하시어
당신을 기리는 축제의 날에
당신 기도에 의지하는 모든 이들 위에
그분의 자비가 널리 퍼지게 하소서.

시리아-마로네 교회의 기도

12 | 마리아, 지혜의 좌

말씀(지혜 9,1-2.4-6)

"조상들의 하느님, 자비의 주님! 당신께서는 만물을 당신의 말씀으로 만드시고 또 인간을 당신의 지혜로 빚으시어… 당신 어좌에 자리를 같이한 지혜를 저에게 주시고 당신의 자녀들 가운데에서 저를 내쫓지 말아 주십시오. 정녕 저는 당신의 종, 당신 여종의 아들 연약하고 덧없는 인간으로서 재판과 법을 아주 조금밖에는 이해하지 못합니다. 사실 사람들 가운데 누가 완전하다 하더라도 당신에게서 오는 지혜가 없으면 아무것도 아닌 것으로 여겨집니다.

묵상

동정녀께서는 배우기를 즐기시며 주님의 말씀을 마음에 간직하는 사랑스런 제자였다. 거룩한 성경 말씀을 되새기며 모든 지혜로 충만하셨던 그분은 사실 하느님 말씀의 어머니, 지혜의 어머니가 되셔야 했다. 동정녀께서는 말씀을 향해 열려 있었으며 말로 전해지는 소식을 완성하는 능력을 지닌 분이셨다.

고백자 막시모, 7세기

기도

나의 어머니 마리아여,
당신은 꽃이 지지도 마르지도 않는
지혜의 정원이십니다.
아름다운 신부시여,
태양의 아름다움보다 더 빛나시는 분,
제 마음에 지혜와 신중함의 등불을 켜 주소서.
깨어 저를 지켜 주시고 보호하소서!

에티오피아의 찬미가, 16세기

13 마리아, 흠 없는 정원

말씀(아가 4,7.9-10.12)

나의 애인이여, 그대의 모든 것이 아름다울 뿐 그대에게 흠이라고는 하나도 없구려. 나의 누이 나의 신부여, 그대는 내 마음을 사로잡았소. 한 번의 눈짓으로, 그대 목걸이 한 줄로 내 마음을 사로잡았소. 나의 누이 나의 신부여, 그대의 사랑이 얼마나 아름다운지! 그대의 사랑은 포도주보다 얼마나 더 달콤하고 그대의 향수 내음은 그 모든 향료보다 얼마나 더 향기로운지! 그대는 닫힌 정원, 나의 누이 나의 신부여 그대는 닫힌 정원, 봉해진 우물.

묵상

오직 마리아만이 '어머니, 신부'라 불릴 자격이 있다. 인간의 어머니는 세상에 고통이 들어오게 하였으나 주님의 어머니께서는 세상의 구원이 태어나게 하셨다. 하와는 죽임으로 손상을 입혔으나, 마리아는 생명을 줌으로써 유익을 가져왔다. 하와는 상처를 입혔으나 마리아는 치유하였다. 사실 동정녀께서는 놀랍고도 기묘한 방법으로 당신의 아들, 모든 피조물의 구세주를 낳으셨다. 마리아는 하느님의 성전, 뽑힌 샘물, 주님 집의 문이시다!

암브로시오 아우트페르토, 8세기

기도

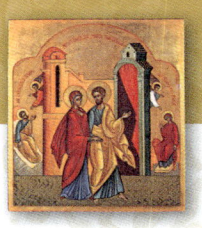

하느님,
동정 마리아의 태를 봉해진 우물이 되게 하시고
어머니의 동정성에 손상을 입히지 않으신 채
당신 몸소 어머니의 닫힌 정원을 들고 나섰나이다.
당신께 비오니,
저희가 당신 선하신 뜻의 정원이 되게 하소서.
당신만이 홀로 그곳에 거처하시어
저희 안에서 온갖 덕행의 열매를 거두소서.

비르고트 족의 기도 Orazionale visigotico

14 | 마리아, 동정녀 중의 동정녀

말씀(이사 7,13-15; 9,1)

그러자 이사야가 말하였다. "다윗 왕실은 잘 들으십시오! 여러분은 사람들을 성가시게 하는 것으로는 부족하여 나의 하느님까지 성가시게 하려 합니까? 그러므로 주님께서 몸소 여러분에게 표징을 주실 것입니다. 보십시오, 젊은 여인이 잉태하여 아들을 낳고 그 이름을 임마누엘이라 할 것입니다. 나쁜 것을 물리치고 좋은 것을 선택할 줄 알게 될 때, 그는 엉긴 젖과 꿀을 먹을 것입니다." 어둠 속을 걷던 백성이 큰 빛을 봅니다. 암흑의 땅에 사는 이들에게 빛이 비칩니다.

묵상

이사야가 노래하였다. "동정녀가 잉태하리라." 그러나 이 일이 언제, 어디서, 누구에게 일어날지는 설명하지 않았다. 마리아 안에 예언의 큰 목소리가 다시 울렸다. 놀라운 기적으로 충만한 마리아에게 이 예언이 알려졌기 때문이다. …마리아에게 숨겨진 예언서의 비밀들이 알려졌다. 그녀에게서 정의의 태양이 움트고 떠오른 태양 앞에 온 땅이 빛을 내었다. …마리아 안에서 모든 상징과 표징이 이루어지고, 모든 예언이 완성되었다.

시리아의 에프렘, 4세기

기도

원죄 없으신 동정녀시여,
하느님의 어머니, 은총이 가득하신 분,
당신이 낳으신 분은 임마누엘,
당신 태중의 열매시나이다.
오 마리아, 모든 찬미보다 뛰어나신 분!
하느님의 어머니, 모든 천사들의 영광이시여,
당신께 하례하나이다.
당신은 충만한 은총 안에
예언자들의 모든 예언을 이루셨나이다!
세상의 구세주를 낳으신 분이시여,
주님께서 당신과 함께 계시나이다.

고대의 기도, 3세기

15 | 마리아, 정결한 땅

말씀(이사 61,10; 62,4-5)

나는 주님 안에서 크게 기뻐하고 내 영혼은 나의 하느님 안에서 즐거워하리니… 다시는 네가 '소박맞은 여인'이라, 다시는 네 땅이 '버림받은 여인'이라 일컬어지지 않으리라. 오히려 너는 '내 마음에 드는 여인'이라, 너의 땅은 '혼인한 여인'이라 불리리니 주님께서 너를 마음에 들어 하시고 네 땅을 아내로 맞아들이실 것이기 때문이다. 정녕 총각이 처녀와 혼인하듯 너를 지으신 분께서 너와 혼인하고 신랑이 신부로 말미암아 기뻐하듯 너의 하느님께서는 너로 말미암아 기뻐하시리라.

묵상

첫 사람의 실체는 어디에서 오는가? 하느님의 뜻과 지혜 그리고 정결한 땅으로부터 온다. 이 땅에서 하느님께서는 흙을 들어 인류의 시작인 사람을 지으셨다. 하느님의 뜻과 지혜로 주님께서 한 처녀의 몸에서 태어나실 때 그분은 당신이 아담의 몸과 같은 몸을 지녔음을 보여 주시고, 창조 때처럼 사람을 하느님의 모상으로 다시 만들기 위해 몸소 인간의 몸을 취하셨다.

리옹의 이레네오, 2세기

기도

마르지 않는 나무의 새싹이시여,
생명을 창조하신 분의 어머니,
자비 움트는 비옥한 땅,
넘치는 용서로 꾸며진 식탁,
기쁨으로 정원을 꽃피우시는 분,
영혼들을 위한 안전한 항구,
온 세상을 위한 용서,
없어질 존재들을 위한 거룩한 사랑,
사라질 이들이 하느님께 드리는 믿음 찬 말씀,
오, 순결한 신부여!

동방 교회의 성모 찬가 Akathistos에서

16 마리아, 은총이 가득하신 분

말씀(루카 1,26-31)

여섯째 달에 하느님께서는 가브리엘 천사를 갈릴래아 지방 나자렛이라는 고을로 보내시어, 다윗 집안의 요셉이라는 사람과 약혼한 처녀를 찾아가게 하셨다. 그 처녀의 이름은 마리아였다. 천사가 마리아의 집으로 들어가 말하였다. "은총이 가득한 이여, 기뻐하여라. 주님께서 너와 함께 계시다." 이 말에 마리아는 몹시 놀랐다. 그리고 이 인사말이 무슨 뜻인가 하고 곰곰이 생각하였다. 천사가 다시 마리아에게 말하였다. "두려워하지 마라, 마리아야. 너는 하느님의 총애를 받았다. 보라, 이제 네가 잉태하여 아들을 낳을 터이니 그 이름을 예수라 하여라."

묵상

마리아여, 주님의 천사가 당신의 응답을 기다리고 있나이다. 당신의 두 손에 우리 구원의 대가가 놓여 있나이다. 어서 응답하소서, 동정녀시여, 말씀하소서. 땅과 저승 그리고 저 하늘까지도 당신의 말씀을 기다리고 있습니다. 응답하시어 말씀(성자)을 맞아들이소서. … 복되신 동정녀시여, 믿음을 향해 마음을, 말씀을 향해 입술을, 창조주를 향해 태를 여소서. 모든 이의 희망이신 이가 당신 밖에서 문을 두드리십니다. …일어나소서, 달려가 문을 여소서. 믿음으로 일어나, 사랑 품고 달려가시며, 허락하여 문 여소서.

키아라발레의 성 베르나르도

기도

은총이 가득하신 이여, 주님께서 함께 계시나이다!
거룩하신 분의 거처시여,
하늘도 담을 수 없는 분이 당신 태중에 계시나이다!
영원하신 성부의 뜻과 성령의 중재로
당신 안에 거룩하신 분이 살고 계시나이다!
은총이 가득하신 이여, 주님께서 함께 계시나이다!

아나톨리오, 7세기

17 | 마리아, 여인들 중에 복되신 분

말씀 (루카 1,41-44)

엘리사벳이 마리아의 인사말을 들을 때 그의 태 안에서 아기가 뛰놀았다. 엘리사벳은 성령으로 가득 차 큰 소리로 외쳤다. "당신은 여인들 가운데에서 가장 복되시며 당신 태중의 아기도 복되십니다. 내 주님의 어머니께서 저에게 오시다니 어찌 된 일입니까? 보십시오, 당신의 인사말 소리가 제 귀에 들리자 저의 태 안에서 아기가 즐거워 뛰놀았습니다."

묵상

마리아가 엘리사벳에게 인사하였다. 주인의 어머니께서 종에게 인사하셨으며, 왕의 어머니께서 병사에게 인사하셨다. 하느님의 어머니께서 인간의 어머니에게 인사하셨으며, 동정녀께서 결혼한 여인에게 인사하셨다. 그들이 서로 인사를 나눴을 때 마리아의 태 안에 계셨던 성령께서 마치 친구를 재촉하듯 엘리사벳의 태중에 있던 아기를 재촉하였다. "서둘러 일어나! 세상으로 나가 그리스도께서 당신에게 맡겨진 구원을 이루도록 그분의 길을 닦으렴!"

성 아타나시오, 4세기

기도

당신을 누구라 부를까요? 거룩한 동정녀시여.
당신을 누구라 부를까요? 위대한 임금의 도시,
멋지게 꾸며진 임금의 도성이시여.
당신을 누구라 부를까요? 지극히 거룩한 계단이시여,
가장 높은 그곳에 천사들의 영광 받으시는 주님께서 계시나니.
당신을 누구라 부를까요? 여인들 중에 복되시며,
우리 주 예수 그리스도, 임마누엘을 낳으신 분이시여.
당신을 누구라 부를까요? 예언자들의 말대로
서로 만나 부둥켜안는 정의여, 자비시여.

콥트 전례의 환호송에서

18 | 마리아, 우리의 기쁨

말씀(루카 1,46-50)

그러자 마리아가 말하였다. "내 영혼이 주님을 찬송하고 내 마음이 나의 구원자 하느님 안에서 기뻐 뛰니 그분께서 당신 종의 비천함을 굽어보셨기 때문입니다. 이제부터 과연 모든 세대가 나를 행복하다 하리니 전능하신 분께서 나에게 큰일을 하셨기 때문입니다. 그분의 이름은 거룩하고 그분의 자비는 대대로 당신을 경외하는 이들에게 미칩니다."

묵상

'성모 찬송'에서 마리아는 우리가 어떻게 벌거벗은 영혼으로 아무런 계산 없이 하느님을 사랑하고 찬양해야 하는지를 가르치신다. 마리아는 우리가 당신을 통하여 하느님을 믿고 희망하는 것을 배우면서 그분께 이르기를 원하신다. 마리아는 모든 이가 하느님의 은총을 믿고 찬양하게 하시려고 당신 자신이 하느님 은총의 가장 큰 모범이 되고자 하신다.

마르틴 루터, 1483-1546

기도

오 복되신 동정녀,
하느님의 어머니시여,
하느님께서 당신을 통해 우리에게
얼마나 큰 위로를 보여 주셨는지요!
하느님께서 온갖 은총으로
당신의 비천함과 보잘것없음을 돌보셨나이다.
당신께 하신 대로 주님께서 이제와 항상,
가난한 저희를 외면하지 않으시고
자비로이 돌보실 것을 기억하게 하셨나이다.

마르틴 루터

19 | 마리아, 요셉의 아내

말씀(마태 1,20-21)

요셉이 그렇게 하기로 생각을 굳혔을 때, 꿈에 주님의 천사가 나타나 말하였다. "다윗의 자손 요셉아, 두려워하지 말고 마리아를 아내로 맞아들여라. 그 몸에 잉태된 아기는 성령으로 말미암은 것이다. 마리아가 아들을 낳으리니 그 이름을 예수라고 하여라. 그분께서 당신 백성을 죄에서 구원하실 것이다."

묵상

이 말씀으로 천사는 요셉이 괴로워하던 그 의심을 없애 버리고 오히려 그에게 다른 경외심을 일으켰다. 곧 성령으로 충만한 거룩하신 동정녀, 세기 이전에 태어나시어 당신 백성을 죄로부터 구원하실, 말로 다 표현할 수도 이해할 수도 없는 아들을 낳으신 어머니를 더욱 경외하고 공경하도록 이끌었다.

고백자 막시모, 7세기

기도

엇갈린 생각들의 폭풍우를 가슴에 담고
지혜로운 요셉은 괴로워하였나이다.
당신께 손대지 않았던 그가
오묘한 사랑을 의심하고 있음을 알았던
오 흠 없는 분이시여!
그러나 성령으로 말미암아
당신이 어머니이심을 알았을 때
요셉이 외쳤나이다. "알렐루야!"

동방 교회의 성모 찬가에서

20 | 마리아, 사람이 되신 말씀의 태胎

말씀(루카 2,4-7)

요셉도 갈릴래아 지방 나자렛 고을을 떠나 유다 지방, 베들레헴이라고 불리는 다윗 고을로 올라갔다. 그가 다윗 집안의 자손이었기 때문이다. 그는 자기와 약혼한 마리아와 함께 호적 등록을 하러 갔는데, 마리아는 임신 중이었다. 그들이 거기에 머무르는 동안 마리아는 해산 날이 되어, 첫아들을 낳았다. 그들은 아기를 포대기에 싸서 구유에 뉘었다. 여관에는 그들이 들어갈 자리가 없었던 것이다.

묵상

생명을 만드신 분이 인간의 몸에서, 인간 어머니에게서 태어나셨다. 그분의 포대로 우리 죄의 끈을 푸셨고 어머니들의 눈물을 영원히 닦으셨다. 춤추며 기뻐하라 주님의 피조물들아, 너의 구세주가 세상에 나셨으니… 기대도 못했던 놀라운 신비를 사랑으로 바라본다. 구세주가 태어나신 동굴은 하늘이요 동정녀는 천사들의 옥좌이며 구유는 다 알 수 없는 하느님, 그리스도께서 쉬시는 곳이다.

비잔틴 전례 화답송에서

기도

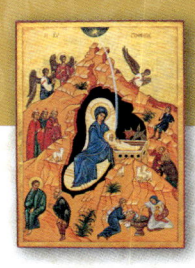

큰 빛이 세상에 오고,
그 은총은 하늘에 가득하도다!
본 적도 없는 빛 속에서
그리스도께서 마리아에게서 나실 때
그 광휘 얼마나 찬란했던가!
성모 마리아여,
당신은 하늘과 땅을 다스리는
임금을 낳으셨나이다.
그분의 거룩함과 통치는
끝이 없나이다.

첼리오 세둘리오, 5세기

21 | 마리아, 고통받는 이들의 위로자

말씀(루카 2,22.33-35)

모세의 율법에 따라 정결례를 거행할 날이 되자, 그들은 아기를 예루살렘으로 데리고 올라가 주님께 바쳤다. 아기의 아버지와 어머니는 아기를 두고 하는 이 말에 놀라워하였다. 시메온은 그들을 축복하고 나서 아기 어머니 마리아에게 말하였다. "보십시오, 이 아기는 이스라엘에서 많은 사람을 쓰러지게도 하고 일어나게도 하며, 또 반대를 받는 표징이 되도록 정해졌습니다. 그리하여 당신의 영혼이 칼에 꿰찔리는 가운데, 많은 사람의 마음속 생각이 드러날 것입니다."

묵상

예수님께서 "저의 하느님, 저의 하느님 어찌하여 저를 버리셨습니까?"라고 부르짖으실 때 동정 마리아께서도 인간적으로 당신 아드님과 같은 고통에 꿰찔리셔야 했다. 당신이 하느님을 계속 믿고자 한다면, 당신이 진실로 여인들 가운데서 뽑힌 자이며 하느님 은총을 입은 여인이라고 믿을 만큼 겸손하다면 이 말씀은 또한 당신의 것이기도 할 것이다. "당신의 영혼이 칼에 꿰찔리는 가운데, 많은 사람의 마음속 생각이 드러날 것입니다."

쇠렌 키르케고르, 1813-1855

기도

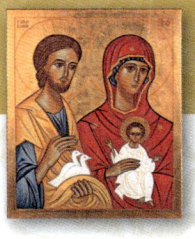

십자가 곁에서 슬피 우시는
통고의 어머니,
극심한 고뇌에 잠기시어
칼에 찔린 가슴 품고 괴로워하시나이다.
사랑의 원천이신 어머니,
저로 하여금 당신의 희생을 살게 하시고
당신의 눈물을 흘리게 하소서.
제 마음에 당신 아들의 상처를 새겨 주소서.

자코포네 다 토디의 '성모 애상'Stabat Mater에서, 13세기

22 | 마리아, 천상의 별

말씀(마태 2,1-2)

예수님께서는 헤로데 임금 때에 유다 베들레헴에서 태어나셨다. 그러자 동방에서 박사들이 예루살렘에 와서, "유다인들의 임금으로 태어나신 분이 어디 계십니까? 우리는 동방에서 그분의 별을 보고 그분께 경배하러 왔습니다." 하고 말하였다.

묵상

어둠으로부터 빛이신 그리스도께서 떠오르신다. …그러나 밤과도 같았던 그 사람들 가운데 동정녀 마리아는 밤이 아니었으며 오히려 밤을 비추는 별이었다. 마리아의 출산을 가리켰던 그 별이 빛을 경배하도록 머나먼 밤, 곧 동방 박사들을 이끌었다. 이렇게 박사들을 통하여 '어둠으로부터 빛이 비추었다'는 말씀이 이루어졌다.

히포의 성아우구스티노, 395-430

기도

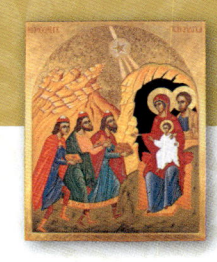

당신께 드릴 것도 청할 것도 없나이다.
오직 당신을 사랑으로 바라볼 뿐이옵니다.
당신은 아름답고 흠 없으시며
창조의 새벽녘에
하느님께로부터 나온 그 은총 그대로
저희에게 되돌려 주셨나이다.
예수 그리스도의 어머니,
다만 당신의 존재하심으로
감사를 받으소서!

폴 클로델, 1868-1955

23 | 마리아, 순교자들의 여왕

말씀(마태 2,16-18)

그때에 헤로데는 박사들에게 속은 것을 알고 크게 화를 내었다. 그리고 사람들을 보내어, 박사들에게서 정확히 알아낸 시간을 기준으로, 베들레헴과 그 온 일대에 사는 두 살 이하의 사내아이들을 모조리 죽여 버렸다. 그리하여 예레미야 예언자를 통하여 하신 말씀이 이루어졌다. "라마에서 소리가 들린다. 울음소리와 애끊는 통곡 소리. 라헬이 자식들을 잃고 운다. 자식들이 없으니 위로도 마다한다."

묵상

이 세상에 계신 하느님은 무능하고 연약하시다. 그저 우리와 함께 머무르시고 우리를 도와주실 뿐이다. 그리스도께서는 당신 전능이 아니라 당신의 수난으로 우리를 도우신다.

디트리히 본회퍼, 1906-1945

기도

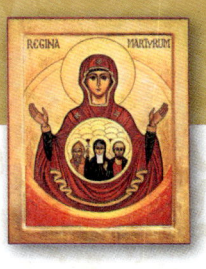

당신 몸으로 성자를 낳으신 거룩한 동정녀시여,
저희 영혼을 거룩하게 하시고
믿음에 충실하도록 도우소서.
저희는 언제나 당신을 찬양하며
이렇게 환호하나이다.
구원의 문이시여, 저희를 구하시고,
진리의 어머니시여, 저희를 보호하시며,
원죄 없으신 이여, 당신을 공경하는 이들을 도와주소서!
순결한 분이시여, 수 없는 넘어짐에서 저희를 구하소서!
당신께 희망을 두는 이들을 보호하시고, 막아 주시며, 지켜 주소서!

콘스탄티노플의 대주교 세르지오, 7세기

24 마리아, 순종의 여인

말씀(루카 2,48-50)

예수님의 부모는 그를 보고 무척 놀랐다. 예수님의 어머니가 "애야, 우리에게 왜 이렇게 하였느냐? 네 아버지와 내가 너를 애타게 찾았단다." 하자, 그가 부모에게 말하였다. "왜 저를 찾으셨습니까? 저는 제 아버지의 집에 있어야 하는 줄을 모르셨습니까?" 그러나 그들은 예수님이 한 말을 알아듣지 못하였다.

묵상

불가해한 하느님의 지혜 앞에 마리아가 보여 준 믿음의 순종은 얼마나 위대하고 영웅적인가! 결코 다다를 수 없는 행로의 하느님께 지성과 의지를 다하여 당신 자신을 남김없이 내어 맡기셨다. 또한 마리아의 영혼 안에서 일하시는 은총의 활동은 얼마나 힘이 있으며, 성령의 감화와 그 빛과 선하심은 얼마나 영혼 깊숙이 파고드는가! 이 믿음을 통하여 마리아는 그리스도와 완전한 일치를 이루신다.

성 요한 바오로 2세

기도

예수의 어머니 마리아여,
그토록 아름답고 순수하고 흠 없으며
사랑과 겸손으로 가득한 당신 마음을 저에게 주소서.
생명의 빵을 먹으며 예수님을 받아 모실 수 있게 하시고,
세상 가장 가난한 이들의 초라한 옷을 입고서
저도 당신처럼 예수님을 사랑하며 섬기게 하소서.
아멘.

복자 콜카타의 마더 데레사, 1910-1997

25 | 마리아, 나자렛의 마리아

말씀(마르 6,1-3)

예수님께서 그곳을 떠나 고향으로 가셨는데 제자들도 그분을 따라갔다. 안식일이 되자 예수님께서는 회당에서 가르치기 시작하셨다. 많은 이가 듣고는 놀라서 이렇게 말하였다. "저 사람이 어디서 저 모든 것을 얻었을까? 저런 지혜를 어디서 받았을까? 그의 손에서 저런 기적들이 일어나다니! 저 사람은 목수로서 마리아의 아들이며, 야고보, 요세, 유다, 시몬과 형제간이 아닌가? 그의 누이들도 우리와 함께 여기에 살고 있지 않는가?" 그러면서 그들은 그분을 못마땅하게 여겼다.

묵상

나에게 말하시오. 무無로부터 세상을 만든 그 목수는 누구입니까? 그 같은 기술을 고안해 낸 그 목수는 누구입니까? 독자들이여, 그를 '하느님의 아들'이라고 고백한다면 그를 '목수'라 불러도 좋습니다. 당신이 그를 '한 처녀의 아들'이라고 고백한다면 그를 '마리아의 아들'이라 부르고 '참인간'이라고 말하시오. '형제들'에 대해서도 말하시오. 이로써 당신은 창조주의 수많은 자손들을 인정하고 선포하게 될 것이오.

베드로 크리솔로고, 5세기

기도

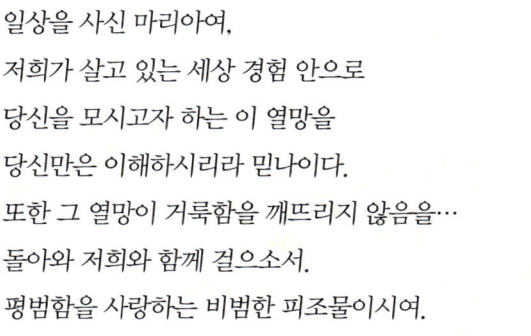

일상을 사신 마리아여,
저희가 살고 있는 세상 경험 안으로
당신을 모시고자 하는 이 열망을
당신만은 이해하시리라 믿나이다.
또한 그 열망이 거룩함을 깨뜨리지 않음을…
돌아와 저희와 함께 걸으소서.
평범함을 사랑하는 비범한 피조물이시여.
천상 모후의 관을 쓰기 전
당신께서는 우리 가련한 땅의 먼지를 삼키셨나이다.

토니노 벨로, 1935-1993

26 마리아, 새 포도주의 여인

말씀(요한 2,1-5)

사흘째 되는 날, 갈릴래아 카나에서 혼인 잔치가 있었는데, 예수님의 어머니도 거기에 계셨다. 예수님도 제자들과 함께 그 혼인 잔치에 초대를 받으셨다. 그런데 포도주가 떨어지자 예수님의 어머니가 예수님께 "포도주가 없구나." 하였다. 예수님께서 어머니에게 말씀하셨다. "여인이시여, 저에게 무엇을 바라십니까? 아직 저의 때가 오지 않았습니다." 그분의 어머니는 일꾼들에게 "무엇이든지 그가 시키는 대로 하여라." 하고 말하였다.

묵상

그리스도께서 당신 능력으로 물을 포도주로 변화시키시자 모든 군중이 그 포도주의 뛰어난 맛에 탄복하며 기뻐하였다. 오늘날 우리도 교회의 잔치에 참여할 수 있다. 포도주가 그리스도의 피로 변할 때 우리는 모두 거룩한 기쁨에 잠겨 위대한 신랑을 들어 높이며 그분의 피를 모시기 때문이다. 참신랑은 마리아의 아들, 영원으로부터 계시고, 종의 조건을 받아들이셨으며 지혜로써 모든 것을 창조한 성자시기 때문이다.

로마노 일 멜로데, 6세기

기도

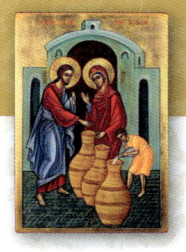

주님,
당신 능력으로 물을 포도주로 바꾸셨으니
하느님의 어머니를 통하여
저의 죄로 짓눌린 슬픔을 기쁨으로 바꾸소서.
그리스도 하느님,
당신은 모든 것을 지혜로써 창조하셨나이다.

로마노 일 멜로데

27 | 마리아, 믿으셨으니 복되신 분

말씀(루카 11,27-28)

예수님께서 이 말씀을 하고 계실 때에 군중 속에서 어떤 여자가 목소리를 높여, "선생님을 배었던 모태와 선생님께 젖을 먹인 가슴은 행복합니다." 하고 예수님께 말하였다. 그러자 예수님께서 이르셨다. "하느님의 말씀을 듣고 지키는 이들이 오히려 행복하다."

묵상

마리아는 하느님의 말씀을 귀 기울여 듣고 실행했기에 복되시다. 사실 마리아는 태중에 있는 육(肉)보다 마음속의 진리를 더 보호하셨다. 그리스도는 진리이시며, 그리스도는 육이시다. 그리스도는 마리아의 마음 안에 진리이시며 그분 태중의 육이시다. 태중에 지닌 것보다 마음 안에 간직한 것이 더 귀하다.

히포의 아우구스티노, 395-430

기도

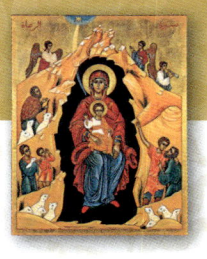

복되신 마리아여,
들음의 성전에서 저희의 기도를 받아 주소서.
당신께 바치는 것을 받아 주시고,
당신께 청하는 것을 베풀어 주시며,
약한 저희의 믿음을 용서하소서.
성모 마리아여,
당신께 탄원하는 이의 소리에 가까이 계시어 도와주소서.
하느님 백성의 행복을 위해 끊임없이
기도해 주소서.
오, 복되신 분이시여,
당신만이 세상 대가를 낳으실 만한
분이셨나이다.

파르파 수도원의 알라노 강론집, 8세기

28 마리아, 십자가의 여인

말씀(요한 19,25-27)

예수님의 십자가 곁에는 그분의 어머니와 이모, 클로파스의 아내 마리아와 마리아 막달레나가 서 있었다. 예수님께서는 당신의 어머니와 그 곁에 선 사랑하시는 제자를 보시고, 어머니에게 말씀하셨다. "여인이시여, 이 사람이 어머니의 아들입니다." 이어서 그 제자에게 "이분이 네 어머니시다." 하고 말씀하셨다. 그때부터 그 제자가 그분을 자기 집에 모셨다.

묵상

가장 먼저 해야 하며, 모든 것 중에 가장 중요한 것은 일상적인 십자가 곁이 아니라 '예수님의' 십자가 곁에 있는 것이다. 그저 십자가 곁에 있는 것, 곧 고통 속에서 침묵하며 있는 것으로는 충분하지 않다. 고통을 견디는 것만으로도 영웅적으로 보일 수 있으나 그것이 가장 중요한 것은 아니다. 아니, 아무것도 아닐 수 있다. 결정적인 것은 '예수님의' 십자가 곁에 있는 것이다. 중요한 것은 고통을 겪는 것이 아니라 믿는 것이다. 첫째가는 것은 믿음이다.

라니에로 칸타라메사

기도

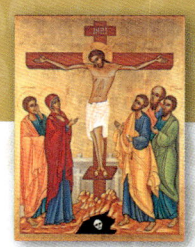

기도 안에서 당신과 하나가 되나이다.
아드님의 고통을 함께 겪으셨던
그리스도의 어머니,
옷 벗기심으로 마지막 사랑까지 보여 주시며
십자가 위에서 고뇌하시는 예수님의 마음에로
저희를 이끄소서.
그리스도의 수난에 동참하셨던 마리아여,
저희가 이 신비의 품 안에서 항구할 수 있게 하소서.

구세주의 어머니!
저희를 당신 아드님의 마음 가까이로 데려가소서.

성 요한 바오로 2세

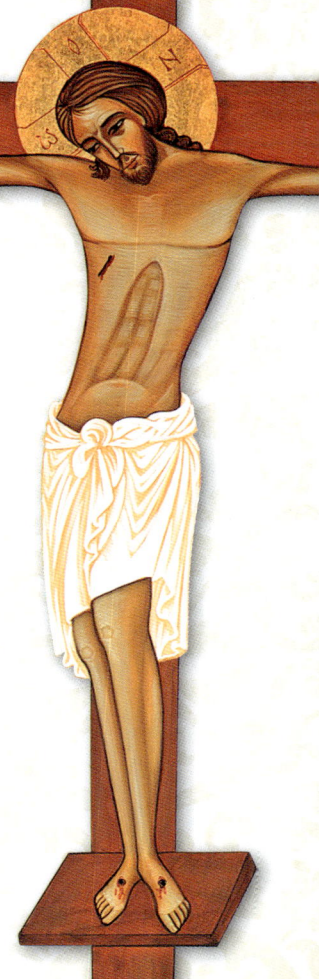

29 | 마리아, 사도들의 여왕

말씀(사도 1,12-13ㄱ.14)

그 뒤에 사도들은 올리브 산이라고 하는 그곳을 떠나 예루살렘으로 돌아갔다. 그 산은 안식일에도 걸어갈 수 있을 만큼 예루살렘에 가까이 있었다. 성안에 들어간 그들은 자기들이 묵고 있던 위층 방으로 올라갔다. 그들은 모두, 여러 여자와 예수님의 어머니 마리아와 그분의 형제들과 함께 한마음으로 기도에 전념하였다.

묵상

마리아께서 이 세상에 예수 그리스도를 주셨다. 예수님을 요셉에게, 목자들에게, 세례자 요한에게, 이방 민족들에게 보이셨다. 예수님을 성전에 봉헌하셨고, 나자렛에서 드러내 보이셨으며, 율법 학자들에게 그분이 성부의 지혜라고 가리키셨다. 카나의 혼인 잔치에서 사도들에게 보이셨고, 갈바리아 위에서 온 세상의 구원이신 십자가의 예수님을 보여 주셨다. 그리고 승천하신 날 예수님을 하늘로 돌려보내시며 아버지께 보이시고, 믿는 모든 이들에게 드러내셨다. 마리아는 천국 문 앞에서 우리에게도 예수님을 보여 주실 것이다. 그러므로 마리아는 사도이시며, 사도들의 여왕, 모든 사도직의 모범, 사도적 덕행에 영감을 불어넣는 분이시다.

복자 야고보 알베리오네

기도

사도들의 그치지 않는 목소리시며,
순교자들의 불굴의 용기시여.
신앙의 든든한 도움이시며,
은총의 빛나는 깃발이시여.
당신으로 인해 지옥의 옷이 벗겨졌고
당신으로 인해 저희가 영광의 옷을 입었나이다.
동정녀시여, 신부시여!

동방 교회의 성모 찬가에서

30 | 마리아, 하늘에 오르신 분

말씀(성모 승천 찬가 중 열두 번째 단락, 7세기)

아침 9시경 하늘로부터 강한 천둥소리가 들리고 아주 부드러운 향기가 퍼져나갔다. 사도들과 주님께서 깨어 있도록 허락하신 세 처녀를 제외하고 주변은 모두 잠들어 있었다. …그때 주님께서 수많은 천사들의 무리와 함께 구름을 타고 오셨다. …그는 형언할 수 없이 빛나는 가죽 같은 것으로 영혼을 감싼 후 그 영혼을 미카엘의 손에 넘겼다. 우리 사도들은 미카엘의 손에 넘겨진 태양보다 더없이 빛나는 마리아의 영혼을 사랑으로 바라보았다.

묵상

하느님의 어머니께서 다른 이들에 앞서 부활하시는 것은 충분히 가능하다. 그분은 지상에서 사시는 동안 당신 공로로 이미 다른 이들보다 앞서 계셨다. 그분의 죽음에 관하여 의문을 가질 필요가 없다. 그분 아드님의 인성 안에서도 죽음을 보았기 때문이다. 그러나 성모님께서 죽음에 오랫동안 굴복하실 필요는 없었다. 그분의 육신은 부활과 함께 죽음을 이기셨으며, 장엄하게 하늘로 오르신 아드님께서 어머니를 당신 곁에 오게 할 능력을 당연히 가지고 계셨다. 아드님께서 어머니를 영광스럽게 하시고, 온 세상의 어머니로 세우셨음은 의심의 여지가 없다.

베르첼리의 아토네, 10세기

기도

어머니시여,
당신의 거룩함이 흐려짐 없이
당신의 침묵을 거스름 없이
어떻게 당신을 노래할 수 있으오리까?
당신은 우리의 무죄한 본성
죄 있기 전 우리의 목소리
주님을 모실 수 있는 유일한 성전…
은총의 어머니, 동정녀시여,
    황폐한 들판에 당신 베일을 펼치시고
       다시 돌아오소서.

데이비드 마리아 투롤도, 1916–1992

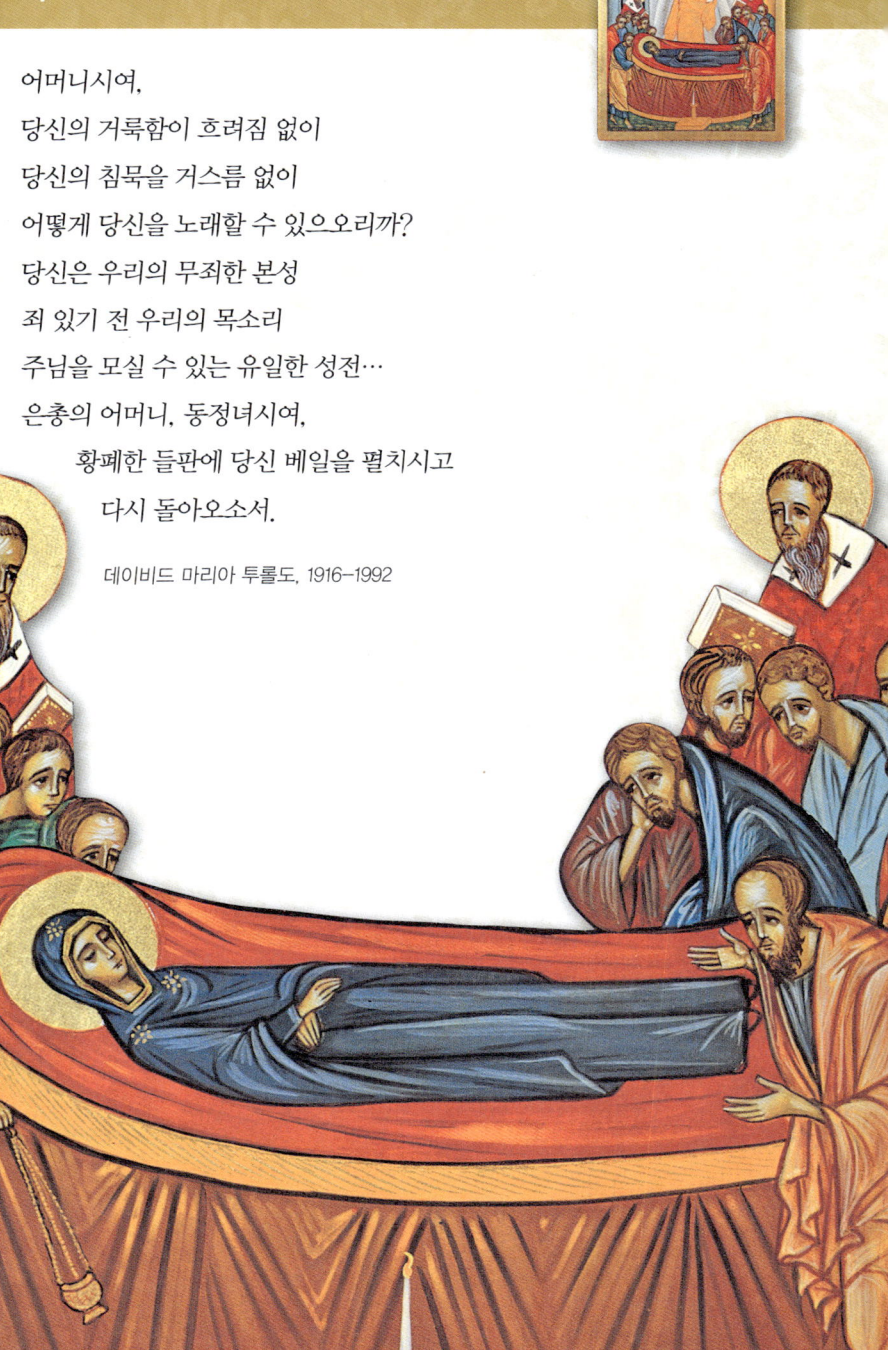

31 | 마리아, 세상의 여왕

말씀(묵시 12,1-2.5)

그리고 하늘에 큰 표징이 나타났습니다. 태양을 입고 발밑에 달을 두고 머리에 열두 개 별로 된 관을 쓴 여인이 나타난 것입니다. 그 여인은 아기를 배고 있었는데, 해산의 진통과 괴로움으로 울부짖고 있었습니다. 이윽고 여인이 아들을 낳았습니다. 그 사내아이는 쇠 지팡이로 모든 민족들을 다스릴 분입니다. 그런데 그 여인의 아이가 하느님께로, 그분의 어좌로 들어 올려졌습니다.

묵상

여인은 거룩한 교회를 상징한다. 그 여인은 '태양을 입은' 여인이라 불린다. 정의의 참태양이신 그리스도를 약속대로 얻으셨기 때문이다. 달이 그녀의 '발밑에' 있는데 그것은 세상 재화의 찬란함이 그녀의 지배 아래 있기 때문이다. 여인의 아들, 곧 교회의 아들, 동정녀 마리아의 아들이 하느님께 그리고 그의 왕좌에까지 들어 올려졌다. 그리고 저 높은 곳에서 아래를 내려다보시며, 시편에 성령께서 말씀하셨던 것처럼 용들의 머리들을 비웃으신다. "하늘에 좌정하신 분께서 웃으신다. 주님께서 그들을 비웃으신다. 마침내 진노하시어 그들에게 말씀하시고 분노하시어 그들을 놀라게 하시리라. '나의 거룩한 산 시온 위에 내가 나의 임금을 세웠노라!'"

도츠의 루페르토, 12세기

기도

하례하나이다. 복되신 동정녀시여,
죄악을 이기신 분, 지극히 높으신 분의 신부시며
순한 어린 양의 어머니이신 분.
당신은 하늘을 다스리고 땅을 구하시나이다.
악령이 당신을 두려워할 때
모든 이가 당신께로 향하나이다.
당신은 동녘에서 빛나며 서녘의 어두움을 흩는 별이시나이다.
태양을 알리는 여명이시며 밤을 모르는 대낮이시옵니다.

클뤼니 수도원장 복자 베드로, 12세기

옮긴이의 말

　자비의 어머니.
　성모님께 드리는 호칭으로는 조금 낯선 표현이다. '자비'는 오히려 삼위일체이신 하느님께 돌리고 성모님께는 자애, 정결, 겸손과 같은 표현을 사용하는 것이 우리에게 익숙하지 않은가.

　인류를 사랑하신 하느님께서는 당신의 자비를 세상에 펼치기 위해 마리아를 선택하셨고, 하느님의 자비를 입었음을 인식한 마리아는 인류 구원을 위한 하느님의 종이 되기에 충분한 자격을 갖추었다. 세상의 눈에 마리아는 비천하고 보잘것없는 여인이었으나 하느님의 자비는 마리아로 하여금 자신의 부르심에 놀랍도록 관대하고 인내로우며 충실하도록 이끄셨다. 마리아는 하느님의 자비가 자신을 통하여 큰일을 하게 될 것임을 끝까지 믿으셨다. 마리아의 믿음으로 하느님의 자비가 세세대대로, 지금 우리에게도 이르게 되었다(루카 1,46-55 참조).

마리아는 구약 성경에 이미 예언된 신비의 여인이었다. 마리아의 신비는 오직 하느님의 구원 계획 안에서만 밝혀지고 예수 그리스도의 삶을 묵상할 때 우리의 삶 안으로 살아 들어와 숨을 쉬게 된다. 교회 역사의 초세기부터 오늘날에 이르기까지 교부들과 신비가들은 마리아의 신앙과 삶을 묵상하고 교의로 선포하였으며 마리아께 대한 경탄과 사랑과 공경을 표현하기를 아끼지 않았다.

하느님의 자비를 입은 우리도 마리아의 신앙과 삶을 살도록 초대되었다. 자비를 입은 자만이 자비를 드러낼 수 있다. 우리의 나약함과 죄스러움에도 불구하고 하느님의 끝없는 자비를 입는 우리는 마리아처럼 자비로운 어머니로 매일 새롭게 태어나야 할 것이다.

2015년 한국 교회의 수호자 원죄 없이 잉태되신 동정 마리아 대축일

김영주